갈대상자에 누워

龍山高 信友會 공동시선집

갈대 상자에 누워

초판 인쇄	2024년 10월 02일
초판 발행	2024년 10월 10일
지은이	권주혁 김종일 박재열 윤주선 이재문 최진만
발행처	다담출판기획 TEL : 02)701-0680
	서울시 영등포구 영신로30길 14, 2층
편집인	박 종 규
등 록 일	2021년 9월 17일
등록번호	제2021-000156호
ISBN	979-11-93838-27-3 03800
가 격	16,000원

본 책은 지은이의 지적재산이므로 무단전재와 복제를 금합니다.

龍山高 信友會 공동시선집

갈대 상자에 누워

권주혁 김종일 박재열
윤주선 이재문 최진만

-발간사-

"하나님이 보시기에 심히 좋았더라."

"그리스도의 말씀이 너희 속에 풍성히 거하여 모든 지혜로 피차 가르치며 권면하고 시와 찬송과 신령한 노래를 부르며 감사하는 마음으로 하나님을 찬양하고 또 무엇을 하든지 말에나 일에나 다 주 예수의 이름으로 하고 그를 힘입어 하나님 아버지께 감사하라(골 3:16~1)7"

이 말씀처럼 하나님의 영으로 크게 감동되어 하나님이 함께하심으로 어디로 가든지 승리하였던 사람이 있습니다. 그 하나님의 영으로 충만한 다윗이 시와 찬송과 신령한 노래로 고백한 것이 주옥과 같은 시편입니다.

"보라 형제가 연합하여 동거함이 어찌 그리 선하고 아름다운고(시 133:1)"
그렇습니다. 여기 부름받은 믿음의 형제들이 있습니다. 형제들의 연합함이 있습니다. 하나님의 감동하심을 따라 고백한 노래가 있습니다.

은혜의 고백입니다.
사랑의 고백입니다.
감사의 고백입니다.

영생의 노래입니다.
천상의 노래입니다.
승리의 노래입니다.
하나님이 보시기에 심히 좋았더라.

다시 에덴이 열렸습니다. 가슴 가득 스며드는 따뜻함이 있습니다. 조심스레 내민 손을 두 손 벌려 잡아준 미소로 가득합니다. 이 감동의 세계로 우리 모두 나아갑시다. 오직 영광은 하나님께입니다.

이제 믿음의 형제들의 연합함에 더하여 하나님께서 복을 명하신 영생의 나라로 함께 나아갑시다. 샬롬!

2024. 08. 02
홍인덕 현 龍信會 회장, 목사
용산고 22회 졸업

-축사-

"龍山高 신우회가 새로운 역사를 기록했다는 의미…"

자신들의 졸업한 고등학교를 졸업한 동문, 그것도 동문 시인들이 모여 시선집을 펴낸다는 일은 결코 쉬운 일이 아닌 줄 압니다. 그런데 이게 현실이 되었습니다. 이번에 오래전부터 서울 5대 명문 공립고등학교 중 하나인 용산고등학교 졸업생 중심의 신우회 회원인 시인 6명이 각각 15편씩 詩 作品을 모아 『갈대상자에 누워』라는 공동시선집을 펴내게 되었다는 것은 하나님께 영광을 드리는 일이요, 더 나아가 용산고등학교와 용산고등학교 동창회에 전례가 없는 일이기에 같은 시인으로써 진심으로 축하를 드리는 바입니다.

저는 60년대 약, 10여 년간 용산고등학교 인근에서 살았던 적이 있기에 龍山高의 빛남과 龍高人의 자부심이 그 어떤 고교생보다 높았다는 걸 기억하고 있으며 특히, 교칙이 매우 엄격했다는 소문이 자자할 정도여서 인품이 잘 갖춘 학생이 많다는 이야기가 퍼지기도 했던 명문 학교였습니다.

그래서 그런지 지금도 '龍山高' 하면 내 기억 속에는 좋은 기억밖에 없고, 인근에 있던 수도여고 여학생들과 아름다운 일도 있었다는 것도 생각납니다.

어찌 되었든지 간에, 이번에 펴낸 시선집은 龍山高 신우회가 새로운 역사를 기록했다는 의미에서 볼 때 앞으로의 역할이 더욱 크리라 기대해 보며 신우회 활동의 폭도 더 키우면서 기독 시인들을 비롯한 문인들을 더 많이 배출해주시기를 진심으로 바라마지않는 바입니다.

거듭 축하드리며 감사드립니다.

2024. 08. 08
박종규 목사·시인·수필가·문학평론가·전문인선교사
대한민국지식포럼 상임고문 및 시인대학 교수

CONTENTS

발간사/ 4
축사/ 6
권주혁_복 있는 인생/ 15

문 닫은 베네치아 교회/ 17
아테네 한인교회/ 18
여호와가 이끄는 인생길/ 20
악(惡)/ 21
다부동 전투/ 22
복 있는 인생/ 24
기도원 가는 길/ 25
기도원 도착/ 26
자그레브 교회/ 27
단비 내리는 기도원/ 28
기도원 침실/ 29
거창군 주상면/ 30
주일/ 31
성수 주일/ 32
대형교회 목회자/ 33

김종일_부지깽이의 희생/ 35

에코 체임버/ 37
우리 전체의 삶을 주님께/ 38
떠돌이의 기도/ 40
은혜의 손길 앞에서/ 42
부채의 수고와 섬김/ 44
호수에 돌 하나/ 45
아픔/ 46
부지깽이의 희생/ 48
어린이날의 기도/ 50
흔들리며 피는 꽃/ 52
좋은 생각만 하며 살게 하소서/ 54
사흘 만에 당신/ 56
그날 거기/ 58
주님과의 동행/ 60
당신으로 인한 축복/ 62

박재열_그 십자가/ 63

가나 혼례/ 65
복락원/ 66
탑/ 67
감사/ 68
흙길/ 69
구원/ 70
팔복산/ 71
산/ 72
친구/ 73
찬양 송/ 74
구령 노래/ 75
갈보리/ 76
코스모스/ 77
그 십자가/ 78
천지인/ 84

윤주선_365일의 기적/ 85

기도/ 87
정답/ 88
참회/ 90
세 겹의 옷/ 92
빛과 소금/ 94
고백/ 96
교회의 중심/ 98
365개의 기적/ 100
가시/ 102
구원의 계절/ 104
나는 언제나 살아 있다/ 106
긍정/ 108
영혼의 건강/ 110
이별의 공식/ 112
긍정/ 114

이재문_다시 나타나셨네/ 117

얼마나 서운했을까/ 119
사랑의 증표/ 120
고향의 봄/ 122
예수님의 증인/ 124
갈대상자에 누워/ 126
귀하도다/ 128
정동길/ 130
먼저 된 자/ 132
나중 된 자/ 134
믿음으로/ 136
다시 나타나셨네/ 138
요단을 건넌 후에/ 140
알람 기도/ 142
살아계신 주님/ 144
물 같은 사람/ 146

최진만_깨달음의 환희/ 147

외로움과 괴로움과 두려움/ 149
주는 인생/ 150
성령과의 만남/ 152
하나님의 섭리/ 152
왜 해결이 안 될까/ 156
Think와 Thank/ 158
내 삶의 십계명/ 160
감사 테라피/ 162
감·기·믿·기/ 164
화가와 하나님/ 165
깨달음의 환희/ 166
예비의 하나님/ 168
늙음의 미학/ 169
현재라는 선물/ 170
테크시대/ 171

용산고등학교 신우회 소개/ 172
용신회 운영위원/ 172
용신회 회원 기수별 명단/ 173
용신회 예배일지/ 176

권주혁_복 있는 인생

문 닫은 베네치아 교회
아테네 한인교회
여호와가 이끄는 인생길
악(惡)
복 있는 인생
다부동 전투
기도원 가는 길
기도원 도착
자그레브 교회
단비 내리는 기도원
기도원 침실
거창군 주상면
주일
성수 주일
대형교회 목회자

권주혁 시인 프로필

용산고등학교 졸업(22회)

-서울대학교 농과대학 임산가공학과 졸업
-파푸아뉴기니 국립삼림대학 유학
-파푸아뉴기니 국립수산대학 유학(어선선장 면허증 취득)
-경기대학교 국제정치학 석사·박사
-목재기업 이건산업 사장
-수산기업 동원산업 상임고문
-전북대학교, 강원대학교 초빙교수
-육군 군사연구소 연구위원
-명예해군(제8호), 명예해병대(제87호)
-세계 145개국 방문 여행.
-영국 대영제국훈장(OBE) 수훈
-솔로몬군도, 십자훈장 수훈
-현재 육군사관학교 역사포럼 고문
-청량리교회 장로

대지문학 동인
대한민국지식포럼 정회원
시인대학 수료(6기)

저술, 강연, 유튜브(권박사 지구촌TV) 운용 등 활동
저서『이것이 우크라이나 전쟁이다』외 21권
시집『루스드라의 무궁화』

문 닫은 베네치아 교회

한 해 2천만 명이 방문하는 세계적 관광지

지중해를 제패한 해양 국가의 찬란한 영광
오늘도 해상도시 전체에서 당당하게 일어난다

관광명소 산마르코 광장은
관광객으로 물 샐 틈 없으나
주일날 아침 손녀들과 찾아간 교회 문은
예배드리러 오는 사람이 싫어 굳게 닫혀있다

주민들조차 외면하는 작은 운하 옆 개신교회
운하에 높게 걸린 베네치아의 랜드마크
'탄식의 다리'도 목 놓아 탄식한다

아테네 한인교회

아테네의 중심 오모니아 광장 숙소에서
발걸음 가볍게 교회를 찾아가는 주일 아침

지중해 따뜻한 겨울 하늘은 여전히 높다
국회 의사당 지나 구글 지도 따라서 계속 걷는다

교차로에서 혼동되어 잠시 길을 놓쳤으나
결국 발견한 한인교회 예배당

가족 분위기의 정겨운 주일예배
오늘은 영육이 복 받는 날

목사님의 설교에서 알게 된 해군 출신이라니
더욱 가슴이 망치질한다

예배 후 호텔로 돌아오는 발걸음
갈 때보다 더 가볍다

주일날은 관광하는 날이 아니므로
내일부터 관광하자는 손녀들 때문에
세상이 모르는 복이 내 잔에 넘친다

여호와가 이끄는 인생길

인생을 자기가 만든다고 생각하는 사람
어리석은 자는 자기밖에 보이지 않으니
보이지 않는 하나님의 주재를 알 수가 없다

칠십 년 인생을 돌아보니
모든 인생 걸음이 여호와 하나님 한 분 안에 있구나

당신 손안에서
해와 달을 정교하게 운행하시는 하나님
당신의 은혜가 없었다면
어떻게 나의 작은 인생이 있었으리오

먼지만도 못한 피조물
나의 인생을 책임져 주신 하나님
입에서 나오는 소리는 아멘 뿐이다

악(惡)

인간이 만든 법을
지키지 않는 것이 세상의 악
너무나 좁은 시야와 정의(定議)

진짜 악과 고통은
여호와 하나님을 버림과
여호와를 경외함이 없는 것

오늘도 마음에 새겨보는
예레미야 선지자가
전해준 인생의 참 가치

'영원하고 완전한 언약의 왕은
예수 그리스도뿐이다.'

이것을 아는 것이 참 기독자가 아닌가

다부동 전투

한 번으로는 부족해
두 번 찾아간 대구 북쪽의 다부동 격전지

이곳에서 국군의 숨통이 끊겼다면
대구와 부산은 공산군 땅이 되고
한반도 전체가 공산국가 되어
모든 교회는 없어졌으리라

국군 1사단이 피로써 방어한 유학산,
국군의 함성이 귀에 들리고
미군 27연대 M26 전차 포탄이
유학산 옆 천평동 계곡을 가득 채운
북한 공산군 T34 전차와 SU76 자주포에
굉음을 내며 명중하는 것이 눈에 보인다

격전지 다부동은 공산군 전차들의 대형 묘지
천평동 계곡은 말이 없구나

이렇게 지킨 자유민주 대한민국
겉으로는 국군과 유엔군이 지켰지만
사실은 여호와 하나님의 무쇠 손이 지켜주셨다

여호와를 자기 하나님으로
삼는 백성은 복이 있도다

복 있는 인생

해와 달,
하늘의 모든 별을 정교하게 운행하시는
창조주 하나님

작디작은
개미 한 마리의 더듬이
미동조차 마음대로 주관하시는
전능의 하나님

미물보다 못한 나에게
영원무궁한 생명과 복을 주시려고
하나님을 알게 하시고
예수 믿고 구원받게 해주시니
주님 찬양하기에 만 입이 있어도 부족하구나

하나님을 알게 해주셔서
오늘도 복된 인생길을 자랑스럽게 걷게 해주시니
독수리처럼 힘차게 날개 치며 올라간다

기도원 가는 길

거창 기도원에 가려고 집을 나서자
일기예보대로 내리는 부슬비 때문에
교통체증이어야 할 시내는 뻥 뚫렸다

오늘이 대체 공휴일이라는 것을 그제야 알았다
교회에 모여 함께 전세버스를 타고
고속도로를 달린다

매년 두 번 가는 기도원길
교인들의 조용한 환희는 버스 공간을 채운다

왁자지껄한 고함도, 가무도 없이
기도원에서 받을 은혜를 묵상하는 교인들
운전기사는 TV를 켤 엄두조차 못낸다

기도원 도착

기흥 휴게소 아침 식사
컵에 두 개 들어간
어묵 맛이 내리는 비를 쫓아낸다

컵을 채운 어묵 국물은 마실 때마다 소금 맛
처음에 마신 것은 물이었나보다

금산 휴게소에 도착하자
그친 단비에 확실하게 보이는 먼 산들

무주 구천동 구불구불한 산길을 지나가자
드디어 거창군이 등장한다

도로 옆 녹색 양파밭을 지나가자
나타나는 조용한 시냇물

아버님 따라서 53년 전
처음 왔던 기도원의 시냇물이다

자그레브 교회

오늘은 주일날, 복 받는 날

토요일에 인터넷에서 검색한 한인교회에
아침 일찍 손녀들과 걸어서 간다

자그레브 중심가를 질러서 가자
경사진 언덕에 나타나는 19세기 갈색 건물

찬송가가 흘러나오니 교회가 틀림없다
한인 교회인 줄 알고 들어가 보니 현지인 교회
기독교가 죽어가는 다른 유럽 나라와 달리
이 교회는 성령 충만으로 왕성하다

교회에서 우연히 만난 교민 여집사 덕분에
예배 후 갖게 된 성도 교제의 시간
국적과 인종은 달라도 주안에서 만난 형제자매
은혜는 넘치고 또 넘친다

단비 내리는 기도원

새벽 3시 반에 울리는 기도원 종소리
기도원 시설은 현대화되어 편해졌으나
종소리는 53년 전 그대로이다

새벽 3시 반에 시작하는 찬송 소리에 산속을
덮고 있던 새벽어둠은 놀라서 황급히 달아난다

예배당 지붕을 때리는 단비조차도
교인들의 우렁찬 찬송 소리에 놀라
제대로 떨어지지 못하고 브레이크를 밟아
낙하 속도를 조심히 줄인다

기도원 침실

지붕과 나무 침상만 있으면 족하지
뭐가 더 필요한가

비바람 막는 천막 벽은 사치로다
온수가 안 나와도 된다
찬물이라도 나오면 된다

극지 탐험가 로알드 아문젠의 천막을 생각하면
오늘 밤 나의 침실은 오성급 호텔이다

너무 편하면 은혜가 도망간다
불편을 편함으로 느끼는 곳에
매일 밤 숨을 쉬는 은혜의 공간

거창군 주상면

벼 이삭 논길에 풀벌레 소리만 들리는 곳
개울에는 나약한 목조다리가 걸려 있던 곳

겹겹이 싸인 낮은 언덕 뒤로 배수진을 친 무등산 줄기
반세기 세월에도 그 자태는 불변하구나

지금은 논두렁이 시멘트 포장길에 1톤 트럭이 지나가고
면사무소 위에는 고가도로가 달린다

논에는 일하는 젊은이가 보이지 않고
논 옆에 세워진 주민 체육관에도 아무도 보이지 않는다

앞으로 반세기 뒤에는 다시 올 수 없는 몸
그때 모습이 그려지지 않는구나

주일

주일 지키는 것은 하나님의 명령
그대로 순종하는 것은 힘든 일이 아니다

엿새 동안은 힘써 네 모든 일을 행하고
안식일을 거룩하게 지키라 하셨으니
그대로 순종하면 영육의 복 다 받는다

각색 인간들이 뭐라고 하든지
하나님께서 인정해주시면 된다
이보다 더 큰 복을
어디서 찾겠는가

성수 주일

유럽의 그 많던 교회는 다 어디로 사라졌나
장로교 본산 에든버러의 예배당이
술집으로 변한 것에 놀란 두 눈
어느 소설 속 이야기인가

자유세계 수장 미국조차
물질과 인본주의로 교회는 죽어가고

초대교회 신앙 잃은 한국교회에서는
성수 주일 지키자는 목사가 안 보인다
이렇게 기독교는 침몰하는구나

대형교회 목회자

예배는 마음이 중요하므로
주일날 장사해도 괜찮다는
유명한 대형교회 목회자의 기독교 신문 기사

그럴듯하게 생긴 외모에
미소 띤 얼굴 사진은
실체가 없는 사기꾼의 것

예레미야 5장의 거짓을 예언하는 선지자와
그런 선지자를 좋아하는 백성

"인자가 올 때 세상에서 믿음을 보겠느냐"
말씀하신 주님
대형교회 목사가 파괴하는 한국교회 믿음

김종일_부지깽이의 희생

에코 체임버
우리 전체의 삶을 주님께
떠돌이의 기도
은혜의 손길 앞에서
부채의 수고와 섬김
호수에 돌 하나
아픔
부지깽이의 희생
어린이날의 기도
흔들리며 피는 꽃
좋은 생각만 하며 살게 하소서
사흘 만에 당신
그날 거기
주님과의 동행
당신으로 인한 축복

김종일 프로필

용산고등학교 졸업(31회)

- 한국외국어대 장신대 신대원
- 국립 이스탄불대 역사학 석사·박사
- 전)터키 국립앙카라대 교수
- 현)아신대학교 선교대학원 교수
- EBS 세계테마기행 '상상보다 멋진 터키'편 큐레이터(2018)
- TvN 벌거벗은세계사 '오스만제국과 커피'편 강의(2022)
- KBS 쌤과함께 '종신집권 에르도안, 튀르키예는 어디로'편 강의(2023)

- 시인·목사·교수
- 대지문학동인
- 대한민국지식포럼 정회원
- 시인대학 수료(9기)

시집 『두고 떠나는 연습』
저서 『터키어 회화 사전』(2005 문예림)
　　　『밖에서 본 이슬람』(2022. 라비사북스).
공저 『벌거벗은 세계사(경제편)』(2023, 교보문고)
　　　『하나님의 운동(Motus Dei)』 (2024. 라비사북스)
　　　『밖에서 본 이슬람』
　　　『이슬람 이해하기(2)』(2024, 라비사북스, 근간) 외

에코 체임버

서로를 단정 짓는 말
쌓여가는 마음의 벽
에코 체임버*에 갇혀
멀어져만 가는 진실

알려고 하지 않는 '다름'
마음에 상처만 주는 판단의 칼
편견과 무지의 색안경 낀 채
자기 색으로만 서로 바라본다

존중하는 서로 속에서
사라지는 편견들
어색하지 않은 '다름' 속에서
빛나는 진실들

*에코 체임버/ 다른 견해는 불신하고 본인 이야기만 진실인 것처럼 느껴지게 하는 환경을 말함.

우리 전체의 삶을 주님께

우리는 삶을 드리는 드리미
우리의 모든 몸과 마음
거룩한 성전에 올리듯
온전히 주님께 드립니다

우리는 삶을 나누는 나눔이
어려움을 당한 이웃 향해
주님의 손과 발이 되어
전적으로 주님 사랑 나눕니다

우리는 삶으로 섬기는 섬김이
작은 일에도 겸손히 무릎 꿇고
오직 당신 영광 드러내게 하셔서
온통 당신 종 되어 섬깁니다

우리는 이웃을 돕는 도우미
어두운 길 밝히는 주님의 빛 되어
힘든 이들에게 소망의 등불 되어
남김없이 이웃 도우며 살아갑니다

오직 주님의 영광을 위해
우리에게 허락된 모든 걸
오롯하게 당신께 드리오니
주님, 우리 삶 받아 사용하소서

떠돌이의 기도

하늘 아래 주님 은총 가득한 땅
발붙일 곳 없이 떠도는 우리
바람은 차갑고 길은 멀어도
어디든 주님 사랑 닿게 하소서

눈물 젖은 얼굴들 고통의 세월
잃어버린 고향의 그림자 속
우리 당신을 향해 갈구하니
우리 상처를 어루만져 주소서

흩어진 꿈 부서진 희망
당신 품 안에서 다시 피어나길
고난의 길 속에서도 기도합니다
주님 우리를 불쌍히 여기소서

아침이 오리라는 믿음
그날이 오리라는 신념
어두운 밤하늘의 별처럼
주님 빛 우리를 비추소서

눈물 속 희망과 아픔 속 믿음
더 나은 세상 기다리며
고난 속 당신 뜻 깨닫게 하셔서
모두가 주님 영광되게 하소서

함께 손잡고 주님 길 따르며
새로운 날 기다립니다
주님 나라 우리 여정 끝에 있음 믿으며
오늘도 우리 당신께 기도합니다

詩作노트/ 세계 난민의 날(2024.6.20)을 맞이하여…

은혜의 손길 앞에서

이토록 죄투성이던 자를
성결한 손길로 안아주시고
간절한 기도의 소리 들으시고
참회의 눈물로 씻어 주셨습니다

나는 한없이 나약한 자이니
거룩한 빛 앞에 고개 떨굽니다
주님 은혜 아니었다면
어찌 감히 용서받을 수 있을까요

이 시간 간절함으로 엎드리니
주님 은혜 내게로 흐르게 하시고
감사 찬양 내 입술 통해 퍼지게 하시며
나의 심장 당신 향해 고동치게 하소서

주님의 찬양 내 삶으로 가득 채우고
당신의 빛 아래 다시 서리니
당신의 자비로 나를 덮으시고
이 애절한 나의 고백 받아주소서

부채의 수고와 섬김

땡볕 더위 속 햇살 우릴 태우고
수고의 땀방울 이마 적셔올 때
너의 작은 흔들림 하나하나로
세상 구석구석이 쉼터로 변한다

그 부드러운 바람들
그 작은 움직임 안에서
쉬지 않고 내뿜는 너의 섬김으로
지친 우리네 삶의 숨을 보듬는다

작디작은 너의 뒤틀림과 몸부림으로
지친 기색 숨기고 내뿜어 주니
치솟아 달궈진 세상 잠시 숨을 돌린다
고맙다

호수에 돌 하나

잔잔한 호수에 돌 하나 던지고
물결 퍼뜨려 마루와 골 무늬 만드니
파문이라 하더라

조용한 호수에 돌 하나 던지고
동심원 물결이 사방으로 퍼져 나가니
파동이라 하더라

잠자는 호수에 돌 하나 던지고
공간에 물결 퍼져 마음에 도달하니
파장이라 하더라

삶의 애환이 미소의 파문으로
삶의 근심이 평화의 파동으로
삶의 무게가 감사의 파장으로 퍼져 나간다

아픔

가슴에 스며든 깊은 아픔
세상 고통 속 내 영혼 지쳐가고
눈물 마를 줄 모릅니다
상처받은 이 마음 어루만져 주시고
갈라진 이 심령 치유하여 주소서

십자가 고통의 길 걸으신 당신
내 아픔도 아시리라 믿습니다
당신 손길 너무 절실하니
당신 사랑 날 감싸 안아서
이 슬픔을 치유해 주소서

그 길에서 흘린 피와 눈물로
내 상처 씻어 주시고
당신 강함으로 채워 주시고
내 약함 오롯이 당신께 맡기오니
이 고통 속 평안 찾게 하소서

매 순간 고통 속 당신 의지하니
이 아픔 안 당신 얼굴 보입니다
그 안에 당신 사랑 깨닫고
당신 임재 안 견딜 힘 얻으니
이 고통 헛되지 않게 당신 뜻 이루소서

부지깽이의 희생

오직 희생으로 점철한 당신
우리도 세상에 부지깽이 되어
뜨거운 불 속으로 뛰어 들어가
온갖 불씨 당신 사랑으로 지피고
연약한 불꽃들 지켜 가겠습니다

당신의 부지깽이 되어서
작은 희생으로 세상 밝히며
당신 삶과 말씀 따라서
불씨 하나로 시작된 불길들
희생으로 세상 덮어 가겠습니다

사르고 없어지는 부지깽이처럼
당신 닮아가는 우리네 삶
세상 빛 되라 하신 말씀 따라
눈부시도록 환하게 밝혀가리니
어둠이 머물 자리 찾지 못합니다

당신 희생으로 거저 얻어진 은혜
십자가 사랑으로 서로 덮어주고
서로의 아픔 싸매어 주며
서로의 슬픔 보듬어 주면서
불꽃 되어 활활 타오르겠습니다

***부지깽이**: 아궁이 따위에 불을 땔 때 불을 헤치거나 끌어내거나 거두어 넣거나 하는 데 쓰는 가느스름한 막대기를 말함.

어린이날의 기도

어른들이 함께 만들어 가는
아이들의 미소와 눈빛은
우리를 이끄는 순수한 영혼의 보배
어른들에게 맡겨진 하나님 선물

아이들 손길은 하늘 천사의 손길
아이들 미소는 어둠 밝히는 빛
아이들 행동은 어른이 배울 학교
늘 순결한 소망의 빛 되게 하소서

아이들은 우리 미래의 희망이며
사랑과 선의의 씨앗 품은 존재
아이들이 자기 꿈 이룰 수 있도록
항상 지켜주고 사랑하게 하소서

당신의 소중한 선물로 주어진 애들
아이들에게 더욱 애정 갖게 하시고
늘 따뜻한 말로 다가가게 하시고
그 순수한 영혼 지켜 나가게 하소서

이 아이들로 인해 당신께 감사하며
애들 미래 더욱 밝고 풍요롭게 하소서
당신 축복이 애들의 샬롬되게 하소서
당신 샬롬이 애들의 축복되게 하소서

흔들리며 피는 꽃

이 세상에
흔들리지 않고 피는 꽃
어디 있으랴

이 세상에
아픔 없이 자라는 꽃
어디 있으랴

제대로 된 꽃 한 송이
피워보지 못하고
살아온 것 아닌지

희망의 땅 파고
사랑의 물 주며
진심의 태양 아래
그 꽃 기다린다

흔들리며 자라는 것
자연의 이치이기에
비바람 속 아름다움 찾고
강인함 키워간다

언젠가 흔들리는 땅에서
단단히 뿌리내린 채
아름답게 피어날
그 꽃 기다린다

나는 오늘도
흔들리지만 굳건히 살아갈
내일의 그 꽃을 꿈꾼다

좋은 생각만 하며 살게 하소서

생각
빛보다 빠르고
시간 넘어서는 힘
우리 마음속 깊은 곳 자리한

사랑으로 사람 살리고
슬픔으로 마음 아프게
커다란 기쁨 줄 수도
깊은 후회 남길 수도

무한한 가능성 잠자고
순간에 다른 세계로 떠나고
단번에 하고 싶은 것 이룰 수 있는
강력한 힘과 자유

귀한 선물 주신 당신께 감사
부디 긍정과 사랑으로만 사용하여
좋은 생각 올바른 생각으로
이 세상 평화롭고 아름답게 하소서

사흘 만에 당신

십자가에서 당신 몸
무거운 고통에 눌렸습니다
고난의 비애 하늘 울리며
대지 진동케 하였습니다

당신의 마지막 호흡
조마조마 내 심장 떨렸습니다
얼음장 같은 당신의 몸
죽음의 어둠에 잠시 갇혔습니다

사흘 만에 그 사흘 만에
무덤의 돌 휘감겨 올라가며
찬란한 당신의 영광
온천지에 참 빛 선물했습니다

천사들 노래하며
천국의 문 열리며
무덤에서 뛰쳐나온 부활 소식
삶에 새 소망 불어넣었습니다

사흘 만에 당신의 부활
인생 영혼 춤추게 하였으며
모든 죽음과 어둠 물리쳤으니
오직 찬양하며 감사만 올립니다.

그날 거기

당신 하나님의 어린 양
더러운 우리의 죄악 머문 그곳에서
당신의 모든 고난 시작되었고
구원의 길 그곳에서 열렸습니다

우리 죄의 무게 괜한 당신 아프게 했고
멸시 버림 속 우리 허물 당신 더욱 찔렀습니다
그 십자가에서 깊은 상처 만들었지만
덕분에 우리 고통과 질병 나음 받았습니다

도살장 끌려가는 양 같은 당신의 침묵
고난과 아픔으로 걸어가신 십자가 희생
구속의 은혜로 거저 받은 구원의 선물
엉겁결에 우리만 치유 받았습니다

우리 발 씻긴 오롯한 당신 섬김과 사랑
끝내 우리 죄악까지 씻어 주셨습니다
우리 달릴 그 십자가에 대신 돌아가심이
갈 곳 없이 죽어가던 모두를 살리셨습니다

우리 이제
그 이름 높이는 것만 남았습니다
그 이름 위해 사는 것만 남았습니다
그 이름 전하는 것만 남았습니다

주님과의 동행

저 먼 곳 향해 걸어가는 길 위에
내 발자취 하나둘 지워지고
어둠이 무거워지는 길 위에
당신 손길만 따뜻하게 느낍니다

내 곁에서 함께 걸어오신 당신
내 마음속 밝히는 별이고
고통의 순간마다 힘 되어준
무한한 사랑의 증거입니다

당신의 사랑 있는 곳
사랑의 씨앗 퍼져가고
당신의 손길 닿는 곳
나눔의 꽃 피어납니다

당신과 함께 가는 동행
당신 사랑 나누는 배려
당신 은혜 선물하는 나눔
여기에 사는 내 이유와 가치입니다

당신으로 인한 축복

내 아픔, 누군가에게 희망 된다면
내 눈물, 누군가를 웃게 한다면
내 실패, 누군가를 성공으로 이끈다면
내 힘듦, 누군가를 평안하게 한다면

내 불편, 누군가를 편하게 해 줄 수 있다면
내 질병, 누군가에게 약이 될 수 있다면
내 상함, 누군가를 치료할 수 있다면
내 섬김, 누군가를 구원할 수 있다면

주님, 당신 은혜 내 마음 감싸서
당신 사랑 넘쳐흘러 나가게 하시고
주님, 내가 걸어온 험난한 길이
다른 이에게 평탄한 길 되게 하소서

내 연약함 속 당신 강함이 드러나니
오직 당신만 영광 받으소서

박재열_그 십자가

가나 혼례
복락원
탑
감사
흙길
구원
팔복산
산
친구
찬양 송
구령 노래
갈보리
코스모스
그 십자가
천지인

靈草 박재열 시인 프로필

용산고등학교(22회)

-서울대 문리대 미학과, 서울대 대학원 미학과 졸업
-한진그룹 20여 년과 관광업계 20년 근무하는 동안 외형적인 육해공의 길 너머, 개인 영혼과 사회, 민족이 나아가야 할 참 길에 대한 성찰을 시와 수필 및 평론을 통해 표출해 왔다.

-시인 수필가 문학평론가

저서 『창조의 미학』(2000. 예영커뮤니케이션)
　　　『기쁨이 숨은 자리를 찾아』(2006. 예영커뮤니케이션)
　　　『임과 나』(2024. 책과 나무).

가나 혼례

아담 하와 빚으사
부부 되게 하신 후

성육신 주 참석한
유일무이 가나 혼례

축하 잔 비어
모친의 요청

물질 뛰어넘어
창조의 손길

혼인의 신성 축복
최상 포도주
몸소 만드셨네

복락원

우리의 선조
에덴의 동쪽

산에서 내려와
마을 늘어나
도시 사노라네

어디서든
죄악 넘실대는
탐욕의 바다

보라 승선하라
밧줄 꼭 잡아야
구원의 방주

동산에서
쫓겨난 우리
복락원 서사시

탑

탑 쌓아
탐욕 커져

구름 위
계단 세워

허영과 교만
인간 덕목

사상누각
위험 모르니
어찌하나

산성 거하는
주의 백성 든든히

비바람 번개 우레
주 찬양해

감사

그에게
가까이 나아가

영혼
이 모습 이대로

보소서 살피소서
치유해 주소서

들리는 주 음성
평안하라
죄사함 베푸노라

주체 못 할
기쁨에 감사
눈물 흐르네

흙길

태양 열기 내뿜는 광야
흙먼지 날리는 길에
번쩍이는 말씀 울리오

우리의 육신 입고 체휼하셔
무거운 짐 진 인생

그 무게
대신 지시려
이 땅 내려
오신 주

구원

영광의 보좌
마다하신 주님

압제 받는 백성
육신의 고통보다

영혼 속 자라는
죄악 근원에

애통과 치유
사죄의 선포

시급한 구원
좁은 문 여시네

팔복산

그때처럼
충만한 시간 있을까

갑자기
영혼 환해져

맑고 투명해진
마음 느꼈다오

함께 앉은
얼굴들 빛 가득

귀와 눈
그 분께 열린

어느 봄날 팔복산

산

관목과 잡초
침엽 활엽수
온갖 생물 암석 흙
산이네

가까이
피부 굴곡 흠집

먼발치 윤곽 굵은 획 단순한 힘
모두 품어주는 모습 가상해

호렙산 시내산에서
모세를 부르시고
주님
팔복산 변화산

친구

하고 많은 사람들
땅 위에 살아

수고와 근심 가운데
정말 환한 웃음 몇 번인지

휘어진 등 봇짐
더 무거워

어찌하나
기진 비틀거리는

그때 그 짐 대신 지신
친구요 선한 목자 주님

찬양송

그보다 아름다운
모습 없어

주 은혜 찬양 송 부르는
그 순간 해와 달 춤추어

별과 별 박수로 반짝이며
은하계 선율 채색하니

우주가
화답 찬미로

창조의 주
영원한 영광

구령 노래

멀찍이 따라나선 걸음

구름 너머 핀 뜻 바라보아

자갈밭 수렁 헤쳐 나갈

품은 용기에 기뻐

앞장선 임의 구령 노래

한낮 갈증에 생수 되어

가슴 속 평강 머무르네

갈보리

언 땅 찾아
싹 피우는 계절에
횅한 가슴
바람에 굳은 바닥
봄인들 어쩌리

한참 씨름하며
기대온 죄악 언덕
갈릴리 맑은 음성
메아리 들릴 때
생명의 씨
움트는 움직임

갈보리 십자가의
뜨거운 보혈
가슴 깊이
강물 끝없이 흐르오

코스모스

드넓게 뻗어가는 우주
항성과 행성
은하계 블랙홀

최중심의 위대한
정신 향하는 코스모스
더운 심장 가진 자 보리라

생명 에너지 곳곳에 흘러
광대무변 시공
운율 색채 더하오

우연 아닌 필연
오메가 영원의 주

그 십자가

어느 봄날 유대 땅
예루살렘 성으로
큰 무리가 호산나
젊은 임을 따르네

기사 이적 끝없이
기적 치유 샘솟아
생명 복음 가르쳐
심금 울린 그 말씀

벳세다의 언덕이
그 임에게 안기고
디베랴의 물결이
그 임 보며 춤췄네
하늘 보좌 버리신
독생자로 앎이라

대적 원수 간계로
십자가형 언도에
열두제자 문도들
몸 둘 곳을 모르네

동고동락 삼 년여
이제 이별 고하나
꿈과 기대 벗어나
원통 심정 깊어라
흩어지는 제자들
임의 마음 결연해

언덕길의 십자가
짊어지신 임의 몸
머리 두른 가시관
어깨와 손 피 흘려

로마 군병 채찍질
골고다의 좁은 길
땀방울과 피눈물
임의 옷을 적시네

그 길가에 백합화
임을 보며 떨고서
공중 날던 새들이
울음 노래 불렀네

못 박히는 소리는
저유 대땅 아시아
이지 구성 너머로
은하계를 울리어
온 우주가 감복해
새 시대를 알리네

창조의 주 임께서
하나님과 사람을
하나 되게 하시려
생명 바친 십자가
천지 감동함으로
태양조차 빛 잃네

그 십자가 달리신
임의 얼굴 광채가
날빛보다 더 밝아
온 천하가 환하네

흘리신 피 보혈이
지구촌에 가득해
억조창생 인간들
십자가에 엎디어

능력 보혈 의지해
사죄 은총 덧입세
흐르는 피 생명수
영혼 구원 이루니
역사 전환 이정표
영적 전쟁 승전보

그 십자가 아래에
제 영혼을 보소서
죄로 물든 심령을
보혈로서 씻으사
순백으로 정결케
역사하여 주소서

주님 생명 바쳐서
저의 삶을 구한 일
이 세상의 누구나
고백하게 하소서

십자가의 주님이
승리의주 이심과
메시야요 구원자
전파하게 하소서

천 지 인

넓은 땅
가없는 하늘 사이
내가 있어

땅 하늘
분별하며

땅의 이치
하늘 뜻
헤아려

천 지 인
창조주를
깨닫고 섬기니

삶의
올바른
꼭짓점

윤주선_365일의 기적

기도
정답
세 겹의 옷
빛과 소금
고백
교회의 중심
365개의 기적
가시
구원의 계절
나는 언제나 살아 있다
긍정
영혼의 건강
이별의 공식
긍정

윤주선 시인 프로필

용산고등학교 졸업(27회)

-시인 박사 기술사
-공학박사, 홍익대 대학원 도시개발 박사, 도시계획기술사
-부동산개발 전문가 스마트도시개발 전문가
-(前)홍익대 건축도시대학원 교수.
-여의도순복음교회 장로
-성남시 총괄 건축가
-한국토지주택공사 비상임이사
-경기주택공사 감사자문위원
-국토교통부 중앙도시계획위원
-서울특별시 및 경기도 지자체 도시계획위원
-새만금개발통합심의위원장 등 역임
-(사)건설주택포럼 명예회장
-"2020 도시계획 명예의전당" 헌액

저서 『서울 집값』
　　『진단과 처방』
　　『스마트도시의 DNA』
　　『아파트 평당 3억 시대가 온다』 외 다수

기도

힘들다
기도하라는 신호이다

행복하다
기도하라는 뜻이다

답이 없다
기도할 시간이 왔다

사람은 땅을 딛고
영혼은 언제나 하늘을 향한다

기도는 우주의 힘과 맞닿는 춤
기도는 천상의 노래를 듣는 귀

그리고
기도는 새로운 꿈을 보는 눈

정답

착해라
지혜로우라
부지런하라

선인들의 말씀은 모두 맞아
그러나 어찌 다 그리 살랴?

누구나 하늘이 내린 본성 있거늘
이 본성 따르면 그게 자신의 삶

비교할 수 없는 그만의 무기
그것이 자기 가치를 높이고
공평 사회를 만들지

왜 비교하냐고?
왜 저들을 따르라고 하냐고?

하나님이 주신 복은 누구나 공평해
그게 선물이고, 성품이야
그 본성을 갈고 닦아 예수 닮게 하신다고

그게 성공이야 바보들아

詩作노트/ 고난주간 특별 새벽기도를 마치고서…

참회

죄로 얼룩진 옷깃을 여미고
참회하는 마음으로 바라본 십자가에는
예수 대신 내가 달려 있다

원죄를 깨닫는 순간,
모든 죄를 고백하는 통회의 시간,
십자가에 나를 매달고
예수와 함께 부활의 생명을 얻는다

예수 죽음이 내 죽음 되고
예수 부활이 내 부활 되어
거룩한 눈물방울 떨구며
참 생명을 잉태하는 또 다른 창조

그의 영혼은 속세를 넘어
하늘과 맞닿은 수평선 위에
힘차게 떠오르는 새로운 빛

날마다 순간마다
거듭나는 참회자에게
창조주가 하시는 말

예히 오르!*
빛이 되거라!

*예히 오르: '빛이 있으라'라는 히브리어임.
詩作노트/ 2024.02.16 영화 '건국 전쟁'을 보고 와서…

세 겹의 옷

오늘도 거울 앞에서 옷을 입는다
더우나 추우나 세 겹으로
제일 중요한 것은 말의 옷이다

입술로 지은 옷은 그의 가치를 말한다
진심의 위로, 자상한 칭찬은
언어를 넘어서는 천상의 아리아다

또 하나는 표정의 옷이다
미소진 얼굴은 어떤 명품보다 값지다
온화한 주름은 경륜의 깊이다
어느 보석이 그보다 아름다우랴!

마무리는 기품 있는 검소한 의상이다

화려함의 잘난 맛보다
수수함의 겸손이
그의 옷에 하늘 향기를 더한다.

詩作노트/ 까마귀가 감 따 먹는 교정에서…
    2023. 10.18

빛과 소금

하늘은 빛을 내고
바다는 소금을 품고
땅은 사람을 만든다

하늘과 바다와 땅이 하나이듯
빛과 소금과 사람도 하나다

사람이 빛이며 사람이 소금이다

빛은 삶의 원천이며
소금은 생명의 근원이기에
빛처럼 밝고 소금처럼 짜야
곧 사람인 것이다

바다를 걷고
피로 땅을 적신 예수도
그래서 사람 되어
하늘에서 오셨나보다

*광복절 아침에… 2021. 08. 15

고백

시를 쓸 때,
충만한 행복감은
글을 깎고 다듬는 순간순간
한 인간의 조각조각

파편처럼 깎아 버려진 인생 조각이
더 곱살스러워 쳐다보고 또 보네

내가 깎는 줄만 알았는데
한 움큼 가을바람에
그분의 손길 느끼네

쓴 글을 얼마간 공개하지 못한 우울
차마 올릴 용기 없는 미안함

글이 사람을 향할 때는 더 주춤 주춤
죄 많은 인간이 누굴 나무랄 수 있는가

모든 것을 내려놓고 나니
나의 용기 없음을 고백한 이 가을
작년보다 더 아름답구나

아내와 낙엽을 밟으며
우리의 신을 향하여 웃음짓자 다짐하니
새파란 하늘이 손을 만들어 흔든다

유난히 복된 발걸음의 오후
그분의 품에서 천국을 보는 인생은
만추의 낙엽 조각인가!

10월의 마지막 밤에. 2020. 10. 31

교회의 중심

"우리가 중심이야!" 대제사장이 말하자
"그래요! 지당합니다." 서기관이 받았고
"예! 합법적입니다." 바리새 학자가 옹호했지

어린이들이 하나님 나라니 금하지 말라며
인구수에도 없는 여인들의 죄를 용서하시고
거지들과 죄인들을 늘 가까이 하셨지

그는 내 백성이 교회의 중심이 될 때
비로소 하나님의 나라가 임하며
주님이 다스리는 교회가 된다고 하셨네

그 때문에 십자가형을 당했지만
사흘 만에 부활하셔서
지금도 그 말씀을 하시고 있다네

내게 제사를 드리기 전에
내 백성을 네 몸과 같이 사랑하라고

성도가 교회의 중심이 되어야
예수님이 머리가 되고
하나님의 통치가 시작된다고

*소임을 받은 날(2019. 09. 01)

365개의 기적

또 하나의 365일을 맞이한다는 것은
또 다른 365개의 기적을 기대하는 것

인간의 연약함은
하나님의 기적을 나타내는 무대라 했던가*

365일 약하고 겸손한 내가 되어
그분이 보여주실 365개의 기적과 마주하리라

눈을 뜨는 것도
걸어 다니는 것도
매일 할 일이 주어지는 것도
그리고
안전하게 귀가하는 것조차
…
모두 기적이라네

내년 이맘때
그 기적을 또 세어보면
꼭 365개가 될거야

*송구영신 예배를 준비하며(2018. 12. 30)
*매일 아침 하나님의 격려 한마디 p.355 찰스 스펄전. 두란노. 2010. 12.

가시

남의 병은 고치면서도
자신의 고질병은 못 고친
한 남자가 있었다네

은혜가 족하다고 하셨다는
그의 고백은 항복이 아니라
기쁨과 행운이었지

그 가시 때문에 그분을 만났고
세상을 이길 수 있었다네

내게도 네게도 우리 모두에게는
가시가 있어 무시로 찌르지만
그때마다 그분을 만난다면
가시는 너무 큰 축복이라 하겠지

우리에게 가시가 많을수록
우리에게 사랑도 많아질 거야
그래서 축복인 거야

*大雪 한파 속에서…. 2018. 12. 08

구원의 계절

아침 바람 찬 기운 마시며
붉고 노란 단풍들이
묵묵히 겨울을 준비하고
밤을 지키는 들짐승과
목마른 철새들이
어딘가로 향하는 계절

온 땅이 가을 언어로 물들고
인생도 이 계절엔 잠잠히
자기 자리를 돌아보지요

가을은 이제 다 잊자며
모든 것을 덮기 위해
낙엽을 떨구고 있건만

모든 것을 용서할 수도
모든 것을 잊을 수도 없는
인간은 그래서 불쌍해

이런 인간을 구원할 자는
이 세상에는 없기에
하늘에서 보낸 것이야

*가을바람에 옷깃을 여미며…. 2018. 10. 16

나는 언제나 살아 있다

새벽, 눈 뜨면서
오늘 하루 할 일들을 위해 기도한다
그래서 나는 살아난다

출근길, 걸어 가면서
오늘 만날 이들을 사랑하자 다짐한다
그래서 나는 더 살아난다

일할 때, 가끔은 하늘 보면서
누구나를 위해 최선을 다하자 속삭인다
그래서 나는 또 살아난다

퇴근길, 땡볕에 지친 나를 향해
잘했다고 칭찬하며 위로한다
그래서 나는 아직 살아있다

잠자리에 누우면서
내일을 향한 또 하나의 꿈을 가슴에 묻는다

그래서 나는 언제나 살아있다

따뜻한 백로 아침에. 2018. 09. 08

긍정

생명의 위협과 질병의 고통 속에서도
난 불안해하지 않을 거야

모든 것을 잃고
이웃의 비웃음에 시달려도
난 좌절하지 않을거야

오늘 죽음의 그림자가 친구처럼 나를 둘러도
내 얼굴의 미소는 지울 수 없어

그럴수록
영혼은 더욱 빛나고
생명은 희망의 박동으로 점점 힘차지고
나의 가슴은 아주 뜨거워질 거야

피 한 방울 섞이지도 일면식도 없던
청년들을 모으고 모아
순결한 세마포 위에 수를 놓듯
내 영혼을 풀어 놓았던 시간들 속에서
무너지지 않는 영원(永遠)을 만났거든

LH 서울본부, 제4차 여름학교를 진행하며…2018. 06. 26

영혼의 건강

새벽이 언제나 맑다
마음도 항상 기쁘다
뛰어도 힘이 안든다

겉으로는 건강한데
속으로는 안 그렇다

혈관과 피는 그것을 알려준다
각종 첨단과학은 내게 경고한다

좋은 낯에 멀쩡한 모습도
인심 좋은 아저씨도 아줌마도
세상을 바꿀 듯한 설교자도

겉으로는 건강한데
속으로는 안 그렇다

행동은 그의 피를 증명하고
말꼬리에서는 냄새를 풍긴다

우리 인간은 그래서
매 순간 심판대 위에 서 있는 것이다

형제들아 서로 원망하지 말라
그리하여야 심판을 면하리라
보라 심판 주가 문밖에 서 계시느니라(약 5:9)

*2018. 08. 16 무더위를 끝낼 말복 새벽에

이별의 공식

시간과 공간의 초월(超越)은
이별의 공식(公式)

익숙한 장소와 사람들은
평범한 미소에도 행복을 짓고
바람처럼 흘러가는 시간은
지문처럼 패인 나만의 공간을 만든다

곳곳 추억 새겨진 교정은
눈물로 지워진 화장처럼
온갖 탄식과 환희의 아우성으로 덧칠한
한 폭의 풍경화

꿈이 있기에 가슴 벅찼던 시간들
기적을 이루었기에 더없이 소중한 장소들

우린 언제나
꿈의 창문을 열고 내일을 바라보며
소망의 망원경으로 미래를 예측하지

그래서 그 시간 그 장소는
만남의 무대요 작별의 공연장이 되어
다시 볼 땐 너도나도 많이 변해 있겠지

수많은 꿈꾸는 자들의 지워진 화장과
눈물 머금은 서글한 눈망울로
나를 반갑게 안아줄
또 다른 화폭을 그려본다

아브람에서 요한에 이르기까지
나의 사랑하는 분은 언제나
익숙한 곳으로부터 떠나라 하신다

새로운 꿈은 또 거기서 이루어 줄테니까

두 딸의 축복을 흠뻑 받은 날. 2018. 08. 11

사랑

울 엄마
이순을 넘어도 떠오르는 모습들
가슴 시리도록 갚지 못한 은혜가
시간 속 파장으로 뼈에 사무치네

울 아빠
거울 볼 때면 들리는 자상한 목소리
말보다 행함으로 가르치신 은혜를
어찌 하나라도 잊을 수 있으랴

한 번도 불러보지 못한
울 엄마! 울 아빠! 살가운 언어
우리 때는 그랬지
어머니! 아버지! 장손의 무게

한없는 그 사랑 깨달으나 갚을 길 없다더니
시간도 공간도 초월한 그 사랑의 힘은
공허한 우주와 모래 같은 군중 속에서
나를 지탱하는 탄탄한 바닥이며 견고한 기둥

오늘도 나는 그 사랑 때문에 존재하며
그 사랑 어디서 왔는지 알기에
묵묵히 하늘을 바라본다

공작 날개처럼 쏟아지는 유월의 아침햇살은
꺼져가는 등불도 끄지 않으시는
그분의 사랑을 나누라 말씀하시네

*뜨거운 태양과 시원한 바람이 공존하는 시간에.
2018. 06. 09

이재문_다시 나타나셨네

얼마나 서운했을까
사랑의 증표
고향의 봄
예수님의 증인
갈대상자에 누워
귀하도다
정동길
먼저 된 자
나중 된 자
믿음으로
다시 나타나셨네
요단을 건넌 후에
알람 기도
살아계신 주님
물 같은 사람

이재문 시인 프로필

용산고등학교 졸업(22회)
-연세대학교 정치외교학과 졸업
-공군 대위 예편
-외환은행 연수과 근무
-보람은행 연수과장 삼풍지점장
-하나은행 한남동 지점장
-잠원동 지점장
-하나은행 Wealth Manager Center 센터장
-메리츠증권 리츠클럽 전무

-기독실업인회 양재지회 부회장
-예수사랑교회 장로 예수사랑교회
-'다윗의 시인대학' 대학장
-CBS라디오 '새롭게 하소서' 3회 출연 간증
-CBS라디오 '사랑이 있는 세상' 출연(1998.11.26.)
-TV '새롭게 하소서' 출연(2008.10.28. CBS)

수상 과학전람회 대통령상, 빛나는 하나인 상(1999),
시집 『새벽을 깨우리로다』
대지문학동인
대한민국지식인포럼 정회원
시인대학 수료(7기)

얼마나 서운했을까

얼마나 억울했을까
그렇게 고생하며 광야를 걸어온 지 40년
마침내 그곳 목적지 앞에 왔는데

얼마나 마음이 아팠을까
불평하며 불순종하는 패역한 백성들을 다스리며
끝까지 이끌고 왔는데

얼마나 서운했을까
비스가산 꼭대기에 올라가
동서남북을 보이시고 네 눈으로 그 땅을 보라시면서
그 땅에 가지 못하리라 하시니

그래도 감사함으로 말씀을 받습니다
그 은혜가 그에게 족함으로
광야에서 그분을 체험한 것이 최대의 복이기에

현재 그에게 주어진 사명에 집중합니다
그것이 그분의 뜻이기에

사랑의 증표

내 인생에 크고 작은 다양한 광야가 있었어요
물질의 광야
명예의 광야
질병의 광야

모든 광야는 관계의 광야에 연결되어 있었어요
원인은 교만과 욕심
형통할 때 주님 없이 내 마음대로 살려고 했고
그때마다 돌아오라 광야를 두셨고
돌아오면 갑절의 복을 주셨지요
그 은혜를 금방 잊여버리고
또다시 반복했습니다

광야 주님의 품을 떠나려다 만나는 곳
나는 주님의 사랑의 꼬비에 매여 있어
줄이 팽팽해지면 반드시 낚아채십니다.

광야는 주님께 돌아오라는 싸인
나를 결코 버리지 않으시겠다는
사랑의 증표라는 것을
이제야 알았습니다.

고향의 봄

어둠을 밝히는 참 빛
소망의 그림
기쁨의 교향악
생명 주시는 나의 봄을 봅니다

내 마음 두드리는 새봄
봄의 눈으로 봄을 봅니다

봄은 그분과의 만남
여름을 향한 출발
가을을 위한 웅비입니다

봄이 있는 자
어떠한 겨울이 와도
고향의 봄을 바라보며
설렙니다.

봄이 있는 자
영원한 봄을 바라보며
달려갈 길을 마치고
고향의 봄에 안기웁니다

"오직 우리의 시민권은 하늘에 있는지라 거기로서 구원하는 자 곧 주 예수 그리스도를 기다리노니 그가 만물을 자기에게 복종케 하실 수 있는 자의 역사로 우리의 낮은 몸을 자기 영광의 몸의 형체와 같이 변케 하시리라(빌 3:20~21)."

예수님의 증인

그때 그 순간 그 자리에
와 있다
믿음으로

오늘 이 시간
창세 이래 가장 슬픈 날
아빠 아버지여 이 잔을 내게서 옮기시옵소서
그 기도가 마침내 절규로 변한다
"나의 하나님 나의 하나님
어찌하여 나를 버리셨나이까"
처절하게 부르짖는 소리가 들린다

얼마나 슬펐을까?
아버지로부터 버림받는 저주!

오늘 이 시간
창세 이래 가장 기쁜 날
그러나 나의 원대로 마옵시고 아버지의 원대로 하옵소서
그 기도가 철저한 순종으로 변한다
"다 이루었다"
죽음을 이긴 부활, 승리의 외침이 들린다

얼마나 기뻤을까?
아버지의 뜻대로 다 이루신 창세 이래 계획된
구원역사!

너는 느끼는가?
너를 위한
그 고통, 그 기쁨!

놀랍고 놀라와라!
그 사랑, 그 은혜!
너는 영원히 현재화할 수 있는가?
증인으로…

갈대 상자에 누워

나는 지금
갈대 상자에 누워있다
강물에 띄워져
어디로 갈지
어떻게 될지
아무것도 모른다

들리는 건 흐르는 물소리
그분의 음성
두려워 말라 놀라지 마라
내가 너와 함께 함이라

보이는 건 하늘뿐
그분의 임재
오직 하늘만 바라본다

내 삶의 참 주인 지금 여기 계시니
밤에도 별들로 나를 보시고
물소리 찰랑찰랑 속삭이시니
흔들흔들 외로운 갈대 상자 희망의 요람이라오

귀하도다

귀하도다
나 같은 죄인 구원하심이

천지창조가 귀하지만
이보다 더 위대하고 귀하랴

천지창조는 말씀으로 이루셨으나
구원은 말씀과 그분의 피로 이루시고

천지창조는 엿새 만에 이루셨으나
구원은 창세 전 계획, 헤아릴 수 없는 기간 계시 후,
외아들 보내셔서 이루시고 재림으로 완성하시죠

천지창조는 창세기 1, 2장에
주님의 피는 성경 전체에
기록되어 있어요

아, 귀하고 귀하다
나를 위한 구원
주님의 피로 다 이루신 언약
나, 주님의 십자가 이외는 아무것도 알지 않으리라

"내가 너희 중에서 예수 그리스도와 그가 십자가에 못 박히신 것 외에는 아무 것도 알지 아니하기로 작정하였음이라(고전 2:2)."

정동길

나는 정동길을 걷는다

이곳이 조선 패망의 눈물이 얼룩진 정동길인가

역사는 희비 쌍곡선
역사는 비극과 함께 희망을 보여 준다
눈물의 길이 기쁨의 길로...

조선 패망의 장소가
민족 복음화의 장소
민족 지도자 양성소
해방과 자유대한민국의 태동지로...

나는 빚진 자
은혜에 빚진 자

이렇게 가까이 있어도 몰랐던 길
나는 오늘 정동길을 걷는다

역사의 양면성
오늘도 공존하는가

역사의 죄인
나는 오늘 정동길을 걷는다

먼저 된 자

참 아름답도다
하나님의 세계는

어찌 볼 수 있으랴
어찌 느낄 수 있으랴
어찌 알 수 있으랴

알 수 있다네
말씀으로 알 수 있다네
믿음으로 알 수 있다네

그 은혜로 먼저 된 자
나는 천국의 전령사

전하세
내 모습이 그곳의 메아리
내 말이 그 정원의 향기
내 삶이 본체의 복사품

나는 천국의 소식이로다

나중 된 자

먼저 된 자
모든 것을 버려두고 따른 자라고
보상을 요구하는 제자들을 버려두시고

눈먼 자 어리석은 자
연약하고 가난한
흠 많고 볼품없고 죄 덩어리인 나를 찾아오셨네

잃어버린 한 드라크마
한 마리 잃은 양
잔치 자리에 수없이 종을 보내 마지막으로 불러온 나

아버지가 찾도록 찾으신 집 나간 탕자
나는 나중 된 자라오

이렇게 감사할 수가!
먼저 된 자 나중 되고
나중 된 자 먼저 되는
복음의 비밀

아 고맙고 놀라와라!
그 사랑 그 은혜 어찌 다 갚겠는가

나도 찾아 나서야지!
아버지 마음 품고
또 다른 땅끝, 나중 될 자를

믿음으로

믿음으로
답하게 하소서
인생에게 하는 근본적인 질문에
나는 누구인가
나는 누구와 함께 하는가
나는 무엇을 위해 사는가

믿음으로
나는 애굽 공주의 자녀라 칭함을 거절하고
주님의 자녀로 살리라

믿음으로
나는 세상과 함께가 아닌
주님과 함께 살리라

믿음으로
내게 생명 주신 주님을 위하여
고난을 참아내며 살리라
현재 세상이 주는 보화가 아닌
미래 주님이 주실 상급 바라보며

믿음으로
살게 하소서
순간순간 그리고 영원히
주님 앞에서

오직 믿음으로
주님 안에서 살게 하소서
물이 바다 덮음같이 빽빽이 에워싼
은혜의 바다에 잠겨서
주님께 감사 찬양하며

"믿음으로 애굽을 떠나 임금의 노함을 무서워 아니하고 곧 보이지 아니 하는 자를 보는 것같이 하여 참았으며 (히 11:27)"

다시 나타나셨네

주님 다시 나타나셨네
디베랴 바다에
배반한 나 다시 만나시러

주님 다시 나타나셨네
나는 잊었으나 주님은 잊지 않으시고
배를 버려두고 떠났던 나
물고기 잡으러 올 줄 미리 아시고
마치 나 하나만 보고 계신 것처럼

먼저 와 계시네
처음 만났던 자리가
다시는 변치 않는 자리 되도록

주님 다시 나타나셨네
나는 피하였으나 주님은 만나길 열망하시며
숯불 앞에서 주님을 부인한 나
숯불 앞에서 만나 주시려
마치 나 하나만 보고 계신 것처럼

먼저 와 계셨네
실패했던 자리가
회복의 자리가 되도록

주님 다시 나타나셨네
내게 능력 주시어
나같이 비겁한 자
사명자로 사용하시려

은혜 주셨네
기억나게 하시는 은혜
회복시키시는 은혜

아! 놀랍고도 놀라운 은혜로다!
나 같은 자도
영광의 주님 증인 삼으시다니!

마치 온 우주에 나 하나만 있는 것처럼

요단을 건넌 후에

요단을 건넌 후에
바로
큰 돌에 석회를 발라 말씀을 기록하라
선명히 보이도록

요단을 건넌 후에
즉시
그 돌을 에발산에 세우라
말씀을 지키지 않으면 화가 된다는 것을 기억하도록

요단을 건넌 후에
가장 먼저
말씀 순종하겠다 결단하라
곡식을 심고 적과 싸우기 전에
말씀을 지켜 행하면
부와 승리는 따라오니까

가나안에 들어간 후
말씀이신 주님은 너의 처음과 끝
너의 전부니라

"그런즉 네 하나님 여호와의 말씀을 복종하여 내가 오늘날 네게 명하는 그 명령과 규례를 행할지니라(신 27:10)."

알람 기도

알람!
가장 중요한 때
알리는 거지

알람!
꼭 기억해야 할 때
울리는 거지

알람!
가장 위험할 때
소리치는 거지

알람!
자고 있는 자
깨우는 거지

인생에 제일 중요한 것
반드시 기억해야 할 것
영혼이 잠들면 가장 위험한 거야

깨어라 찾아라
생명 되신 주님을
만나라 기다리시는
사랑의 주님을

항상 켜 놓아라
알람 기도!

*詩作 노트/ 2024 키르기스스탄 단기선교를 준비하면서 저녁 9시 30분에 알람을 맞추어 놓고 알람이 울리면 모든 단원이 어디에 있든지 하던 일을 멈추고 일제히 그곳의 복음 전파와 영혼 구원을 위한 기도를 하였음.

살아계신 주님

말씀하시면 나아가라
오직 기도하면서

물이 마를 때 기다리지 말고
철철 넘치는 요단이라도 건너라
때를 얻든지 못 얻든지
말씀을 전파하라

빈 손으로 나아가나
채우시는 주님
빈 마음으로 나아가나
차츰차츰 주님의 마음으로 뜨겁게 하신다

갈 바를 모르나
한 걸음씩 인도하시어
마침내 도달하게 하신다

복음을 위한 발걸음
살아계신 주님이
동역자를 예비하시고 할 일을 준비하시고
친히 이루시는 것을 알게 하신다

10인의 용사여!
택하시는 주님을 기뻐하라
사용하시는 주님을 찬양하라

준비하시고 도우시고 이루시는
살아계신 주님만을 자랑하라!

"너희는 우리로 말미암아 나타난 그리스도의 편지니 이는 먹으로 쓴 것이 아니요 오직 살아계신 하나님의 영으로 한 것이며 또 돌비에 쓴 것이 아니요 오직 육의 심비에 한 것이라(고린도후서 3:3)."
詩作노트/ 키르기스스탄 비전트립을 다녀와서 살아계신 하나님을 만난 체험을 시로 표현함.

물 같은 사람

꽃은 피어
세상을 아름답게
향기롭게 하니
주변에 사람들이 모이지요

물은 흘러
더러움을 씻고
화초에 영양을 주나
사람들은 모르네요

꽃 같은 사람
주변의 영혼 아름답게 하는 사람이지요

그대 물 같은 사람
꽃 같은 사람을 기르며
소리 없이 흘러 가지요

그대는 주님의 사람
주님이 알아 주신다오

최진만_깨달음의 환희

외로움과 괴로움과 두려움
주는 인생
성령과의 만남
하나님의 섭리
왜 해결이 안 될까
Think와 Thank
내 삶의 십계명
감사 테라피
감·기·믿·기
화가와 하나님
깨달음의 환희
예비의 하나님
늙음의 미학
현재라는 선물
테크시대

최진만 시인 프로필

용산고등학교(15회)

- 서울대학교 상과대학 경영학과 졸업.
- 컨설팅 25년
- 현대리바트 영업본부장
- 현대위스코 대표이사 역임
- 한림대학교 CEO 겸임교수 역임
- 전경련 경영자문단 자문위원
- 경영지도사, 공인 경영지도사 강남지회 회장 역임
- 관세법인 씨티엘 경영고문
- 스타리치 어드바이저 기업성장연구소 소장

- 대한민국지식포럼 감사 역임
- 시인대학 수료(3기)
- 대지문학회 부회장
- 대지문학동인
- 대한민국지식인포럼 정회원, 시인대학 수료(3기)

수상/ 대지문학상 올해의작가상
시집/ 『겨울은 봄을 이기지 못한다』
『소풍 가는 날처럼』

외로움과 괴로움과 두려움

산다는 것은
외로움과 괴로움과 두려움을 견디는 일

혼자 살면 외로움이 있고
둘이 살면 괴로움이 있다

질병이 있기에
건강의 소중함을 배우고

죽음이 있기에
삶의 위대함을 실감하며

외로움이 있기에
사랑과 우정의 가치를 느끼고

괴로움이 있기에
평안함의 의미를 깨닫고

주는 인생

거저 사랑받았으니
거저 사랑 주어라

거저 용서받았으니
거저 용서하라
축복까지 주시니 더 큰 감사함

모두 용서해 주어라
카톡방에도 마음속에서도

감사를 표현하라 마음으로 물질로
우선 주변부터
용서하고 칭찬하고 웃어라

징계는 하나님께 맡겨라
오 예수님의 위대한 용서와 사랑
인간은 미약하고 어리석은 존재

미움도 시기도 버려라
겸손이 최고 교만은 금물
과욕을 버리니 오 마음의 평안

성령과의 만남

하늘나라가 마음속에 들어오면
성령의 9가지 열매

사랑과 희락과 화평과 오래 참음과
자비와 양선과 충성과 온유와 절제로

위대한 은총이 폭발하여
마음이 황홀감으로 가득 찬다는데

26년 전 눈물 흘리며
새 세상을 느꼈던 때가 성령 충만이었나

기적의 연속이 말해 주네
돌아보면 행운이 연속으로 이어져
고난 속에 축복이 있었음을 이제야 느끼네

기름을 내 머리에 부어 주시니
내 잔이 넘치나이다

좋으신 하나님
하나님은 전능, 기도는 만능

기도는 마음의 평안과 에너지를 준다
기도는 희망과 용기를 준다
오 놀라운 하나님과의 텔레파시여

하나님의 섭리

세상의 일이란
나쁜 일이 있으면 좋은 일이 생기고
좋은 일이 있으면 나쁜 일이 생긴다

오르막과 내리막
세상을 다스리는 하나님의 섭리

올라갈 때 교만하지 말고
떨어질 때 좌절하지 마라

희망을 가지고 겸손하라
사랑은 만병통치약

자존심 때문에 인생이 바뀌고
자존심 때문에 인생이 성패한다

자존심을 손상시키면 살인도 일어난다
그게 바로 자존심 손상죄
인간은 자존심을 먹고 산다
자존심을 건드리지 마라

인생은 새옹지마요 전화위복이라
하나님의 예비하심을 믿어라

모든 잘못된 것은 인간의 탓이요
모든 잘된 것은 하나님의 은혜라

인간의 자유의지 모든 실수에도
언제나 하나님의 용서하심과
예비하심이 있음을 믿어라

***詩作노트**/ 돌아보면 나의 많은 실수에도, 하나님의 용서하심과 은혜를 받은 느낌.

왜 해결이 안 될까

건강 기도 물질 기도 사람 기도
왜 해결이 안 될까

하나님을 탓하지 말고
기도의 부족함을 탓하라

어느 목사님은 매일 5시간 이상 기도하신다는데
무얼 그리 많이 기도하실까

본인 기도 중보기도에 나라 기도까지 하시려니
5시간도 모자라지

과거의 잘못은 회개했나
범사에 감사하고 있나

얼마나 간절하게 기도했나
하나님의 계명을 열심히 지키고 있나
하나님의 영광을 위하여 일하고 있나

아 깨닫는 하나님의 섭리
하나님은 왜 인간에게 고난을 주실까
가까이 오라는 신호

하나님은 전능하시고 기도는 만능이다
구체적으로 응답 받을 때까지 기도하라 는
목사님의 조언

간구로 기도하며
믿고 기다리면
하나님의 때가 온다

문제해결이 안되는 건
기도 부족과
하나님의 때가 안된 것

하나님의 오묘한 뜻을 인간이 어찌 다 알겠는가
인간의 자유의지
하나님의 오묘한 섭리

Think와 Thank

노년이 되니 감기도 두렵다
몸과 마음을 괴롭히던 감기가 날아가니
감사한 마음이 몰려온다

약의 덕분일까
시간의 덕분일까
하나님의 은혜라고 믿어진다

하나님이 나와 함께 하신다는 믿음
나는 하나님을 위하여 무엇을 할 것인가

먼저 하나님의 의를 구하라
하나님의 영광을 위하여 일하라

어떻게?
봉사하고 전도하라
내가 하나님의 일을 하면
하나님은 내 일을 해주신다

작은 것이라도 하나님의 은혜
Think와 Thank는 사촌
생각하면 감사한 마음

내 삶의 십계명

노년에 처음 가보는 길
60, 65, 70, 75, 80 불안하고 두려운 길

어느 날 깨닫고 결심한 내 삶의 10계명
성교봉전 감기믿기 전만

아침마다
*성경은 마음을 평안케 하고
주일은 *교회에서 살자
*봉사하고 *전도하며

*감사하고 *기도하며
*믿음만이 능력이라 하시네

크고 측량할 수 없는 기이한 일 *기적이 일어난다
Wonderful and Uncountable Miracle

*전화하고 *만나라
안 하면 아무 일도 안 일어난다.

어둠 속에서 빛이 보이고 길이 보이는 듯
마치 고교 시절
어려운 수학 문제 답을 풀었을 때의 기쁨

이제 신앙적 생활. 주님이 날 도와주신다는 믿음
건강 장수하고 천국으로 가는 길

***詩作노트**/ 나이 먹어 삶의 자세를 신앙적으로 요약하고 싶었음.

감사 테라피

나이 먹으니 모든 것이 감사하다
아내가 큰일을 당할 뻔하다 살아나니 감사하다
밤에도 감사하고 아침에도 감사하다

아침밥도 감사하고 저녁밥도 감사하다
크게 아프지 않은 것에 감사하고
크게 넘어지지 않은 것에 감사한다

걷지 못하는 사람을 보고 감사하고
듣지 못하는 사람을 보고 감사한다
잘 볼 수 있음을 감사한다

아이들이 건강함에 감사하고
형제들이 건강함에 감사한다

매일
감사한 마음 불안한 마음 두려운 마음이 교차한다
매일 기도 제목은
내 건강과 가족 건강과 물질 감사

아직도 일을 할 수 있음에 감사하며
아직도 내 존재를 알아주는 사람이 있어 감사하다

성경 말씀의 고귀함을 알게 해주시어 감사하고
예수님의 고난과 영광을 알게 해주시어 감사하다

감사 테라피로 마음 치유가 된다
마음이 평온하면 몸도 건강함을 느낀다
감사는 만병통치약
그게 바로 감사 형통

작은 것에 감사하라
가진 것에 감사하라
소중한 사람에게 감사하라
구체적으로 감사를 표현하라

그럼에도 불구하고 감사하라
나눌 수 있음을 감사하라
미리 감사하라

감·기·믿·기

감사하고
기도하고
믿으면
기적이 일어난다

감사하고 또 감사하고 범사에 감사하라
기도하며 구체적으로 간구하라 바라봄의 법칙
믿으면, 전지전능 하나님과 텔레파시 소통
기적이 일어난다. 크고 비밀한 하나님의 예비하심

두려움이 있기에
인간은 실수를 줄일 수 있다

성경 말씀에 두려워 말라 366곳
아, 1년 내내
세상 두려워 말고
하나님을 두려워하라

화가와 하나님

꽃밭에서 놀던 말발굽의 향기를
나비가 따라오고
보이지 않는 산속의 절을
물동이 진 스님이 알려주다니

화가의 창의력에
과연 보이지 않는 것이 보이는구나
보이는 것만 존재하는 것일까
하나님이 계실까

바람이 안보이지만
나뭇잎이 흔들림으로 바람이 있음을 알고
빛이 안 보이지만
어둠이 지나간 찬란한 아침을 보고
빛이 있음을 알듯이

기도의 응답을 보고 하나님의 존재를 안다
하나님은 창조하시고
인간은 발견한다

깨달음의 환희

자연의 과학적 원리처럼
사회의 자동 순환 원리처럼
인간 심리도 메커니즘이 있는 듯

하나님이 주신 자유의지
구성과 작동 원리
인간은 소우주

위대한 발견
사과에서 발견한 뉴턴의 만유인력
목욕탕에서 깨달은 아르키메데스의 부력
갈릴레오의 지구는 둥글다

가설 증거 원리를 수학적으로 증명
물리학 화학 의학 경제학처럼

어머니의 경험과 지혜
노인의 경험과 지혜
선배의 경험과 지혜
지식인의 지식과 지혜의 학습효과

이승만과 박정희, 모택동과 등소평, 루터킹과 오바마
숲을 먼저 보고 나무를 보라

사랑, 오래 참음, 온유, 자비
신뢰 정의 자유 양심이
인간과 세상을 지배하는 원리
어린 시절 배워야
못 배우면 훗날 엉뚱한 사람 된다.

예비의 하나님

많은 돈을 안 주신 건
적은 돈의 소중함을 깨닫게 하시려고

사랑의 아픔을 주신 건
사랑의 기쁨을 알게 하시려고

외로움을 주신 건
만남의 즐거움을 느끼게 하시려고

가끔씩 아픈 건
건강의 감사함을 체험하게 하시려고

마음의 혼돈과 절실함은
기도의 위력과 만능을 깨닫게 하시려고

오 야훼 이레 하나님
크고 비밀한 일을 예비하시고
인도하시는 하나님 할렐루야 아멘

늙음의 미학

당신은 나이만큼 늙는 것이 아니라
생각만큼 늙는다

당신은 늙어가는 것이 아니라
익어가는 것
당신은 잘 익은 와인처럼 향기가 날 수 있다

아직도 당신은 새로운 일을 할 수 있다
그건 당신의 생각에 달려 있다
학습도 글쓰기도 예술도 무어든지 할 수 있다

하나님은 이미 당신에게 능력을 주셨다 Already
그걸 찾아내는 것은 당신의 생각
생각은 삶의 무한한 도구

현재라는 선물

과거는 히스토리
미래는 미스테리
현재는 프레젠트*

과거는 지나간 역사일 뿐
미래는 신의 영역
현재는 하나님이 주신 선물

오늘에 감사하고 충실하면
내일이 보인다
인생사 새옹지마
고난 뒤에 하나님의 예비하심을 느낀다

스트레스는 금물
웃고 웃기고
즐거운 곳을 찾아다니며 건강하세

*present: 현재. 선물

테크 시대

재테크는 누구나 아는 듯하지만 부족하고
인테크 우테크는 자의 반 타의 반 부족하고

시테크는 중요하지만, 잊어버리는 사람들이 많고
정보테크, 정보의 가치는 사람마다 달라

휴테크도 중요해요, 열심히 일한 당신 떠나라
심테크는 내 마음 잡기, 남의 마음 잡기

나이 먹으면 영테크. 인간은 매우 부족한 존재
두 가지 약이면 만사형통, 구약과 신약
감사한 마음으로 평안이 최고, 감사 형통

이 모든 것이 인식과 습관화
스스로 깨우침이 인생 성공의 열쇠

용산고등학교 신우회 소개

■용신회 운영위원회

주영철 이창복 이득상(증경회장)
홍인덕(22 회장)

윤주선(총무)
김동일(12)
최진만(15)
남경복(17)
김영준(18) 오원구(18)
주정봉(20)
김현조(23)
이상부(27) 이종화(27) 김관식(27)
남양규(29)
안성철(30)
김종일(31)
허원근(32)
박길환(34)
박영배(37)

■용신회 회원 기수별 명단

07(01) 김희구
10(02) 박재영 임석봉
11(01) 송덕호
12(13) 김동일 김인배 김창남 김창원 맹동호 어충경
　　　　 이용길 조의석 주무종 채희병 최광영 한상림
　　　　 홍성묵
14(04) 신재웅 홍정선 김덕현 김우남 이용범
15(05) 최진만 정희용 김우남 조성남 손병락
16(01) 김기홍
17(16) 경규한 주영철 채우병 남경복 곽병헌 박정의
　　　　 이종성 김태웅 임배수 최명기 이명구 김윤일
　　　　 이대승 이현배 허원구 안병기
18(20) 오원구 이창복 김용대 김종태 문기준 민태영
　　　　 오영국 홍철선 김종현 김형수 김희경 엄은희
　　　　 김영준 현해관 이찬선 구자삼 전현철 김영철
　　　　 이석전 김주호
19(23) 윤장원 이득상 이경한 이세용 이종성 김영휘
　　　　 유홍룡 이익선 이종찬 정광필 이갑수 김경한
　　　　 조세영 오창수 서현수 차준락 고영길 하신일
　　　　 이승희 김정배 주인수 김동선 유태희
20(05) 강기철 주정봉 강국회 이범균 장승웅
21(01) 송영범

22(14) 박재열 주우환 홍인덕 한헌준 권주혁 이재문
       박태남 이용섭 임재홍 공한영 김진식 최석윤
       함승만 안문규
23(22) 권혁원 김현조 김지권 김효범 남기철 도천수
       박용규 박우섭 박재관 염정헌 옥중경 윤종호
       이보욱 이성우 이영철 임진영 정헌교 하원철
       한상경 함윤웅 허육 홍순창
24(08) 조남석 최준혁 유철형 김동헌 이상규 안윤창 전국재
       한경서
25(02) 김윤수 전관재
26(05) 김한정 김교영 김정욱 김지언 최은환(26)
27(72) 강상진 권영배 고승근 김관식 김교웅 김기곤
       김기환 김두영 김명규 김상현 김정태 김종덕
       김치환 김태훈 김홍구 노승백 류근박 문상목
       박병문 박준식 박찬우 박충윤 박해성 박현규
       서정선 서충원 송석호 송충원 신동렬 신문종
       신승철 신은철 신철우 심재율 안명상 양홍석
       엄명용 오신환 유동환 유동희 윤석균 윤승민
       윤주선 이상부 이상열 이상현 이수철 이승재
       이용웅 이재홍 이정로 이종화 이주용 이태형
       임동규 임완기 전용훈 정선교 정영기 정일영
       정재성 조장환 조진훈 지인호 지준홍 진선호
       차기준 최연학 최재성 하태웅 한광석 홍순광
28(02) 김성곤 김진익

29(19) 정몽현 남양규 권한솔 김정학 여상구 문영기
       정흥상 민인식 김형민 이기섭 현경순 김문섭
       한창석 유재홍 여환영 정광주 성기환 이홍립
       조복행
30(17) 김정윤 김태산 노종인 박규현 신준철 심현규
       안문환 안성철 안훈균 여승구 오모록 이영도
       이인환 이재홍 장태주 정원순 추종원
31(06) 김종일 정무철 채정호 최유찬 한희철 황재중
       강무창
32(04) 김영준 허택 허원근 정효식
33(01) 박종승
34(06) 박길환 박철홍 홍유식 정경진 박상래 이건택(34)
35(02) 진용삼 임승현
36(04) 김석기 홍용표
37(13) 윤상철 이성진 김운성 서경호 서영진 박영배
       이호근 송진호 김유찬 김동은 조재필 손희권
       한상수
38(04) 장백철 공형오 도윤석 이승택
40(02) 신재혁 김성락
42(02) 정세곤, 김규욱

*( )안의 숫자는 각 기별로 회원 숫자를 나타내고 있음.
*용신회 회원은 2024년 4월 1일 현재 총 289명으로 집계되었음(2023년 부활절 대비 102명 증원됨).

■용신회 예배일지

16.02.25 용신회 설립 선포(용27신우회 10주년 예배(전쟁기념관)
　　03.15 용신회 창립 준비모임 (역삼동 상락원 한정식)
　　04.04 부활절 기념창립예배(김기홍목사(16회)-한양대신소재공학관)
　　　　　초대 회장 주영철 목사, 총무 윤주선 장로 선임.
　　06.21 37회 창립예배(사랑의교회, 서초역)
17.04.24 부활절기념예배(남양규 담임목사(29회)-서울네이션즈교회)
　　11.20 추수감사예배(윤장원 목사(19회), 충신교회-정세곤 목사(42회)
18.01.15 용신회 1차 운영위원회(남도식당 애향)
　　04.09 부활절 기념예배(윤장원목사(19회),
　　　　　충신교회-정세곤부목사(42회)시무) 총회:정관제정(총회통과),
　　　　　2대 회장 이창복목사(18회) 추대
　　09.03 용19회 신우회 창립예배(용산제일교회)
　　11.26 추수감사예배(이용웅 목사(27회)장충교회-오원구장로(18회)
19.01.26 용23회 신우회 창립예배(예명교회, 이성우담임목사(23회) 시무)
　　04.22 부활절 기념예배(장승웅목사(20회),
영락교회-김지언장로(26회) 시무)
　　11.18 추수감사예배(이득상목사(19회), 용산고등학교 대강당)
21.04.05 부활절 기념예배(이성우담임목사(23회)-목동예명교회)
　　　　　총회: 제3대 회장 이득상 목사(19회) 추대
　　11.22 추수감사예배(용산고등학교 대강당)
22.03.24 용신회 9차 운영위원회(통영집)
　　04.18 부활절 기념예배(김현조목사(23회), 용산고 소강당)
　　05.30 용신회 10차 운영위원회(별천지 설렁탕)
　　10.04 용신회 11차 운영위원회(별천지 설렁탕)
　　10.20 용산고 동문 합창단 공연 참석(회원 20명)
　　11.21 추수감사예배(홍인덕 목사(22회), 용산고 소강당)
23.02.06 용신회 12차 운영위원회(별천지 설렁탕)
　　04.10 부활절 기념예배(이득상 목사(19회), 용산고 대강당)
　　　　　총회: 제4대 회장 홍인덕 목사(22회) 추대
　　11.03 용산고 동문 합창단 공연 참석(회원 20명, 용산 아트홀)
　　11.20 추수감사예배(권주혁장로(22회), 용산고 대강당)
24.01.29 용신회 13차 운영위원회(고구려 홍대점)
　　　　　용신회 시집발간위원회 설치.
　　04.01 부활절 기념 예배(용산고 대강당)
　　08.16 시집편집위원회 개최
　　09.13 시집 출간